Welcome to the world of language learning!

My First Russian-English Book is a picture dictionary designed for bilingual children of any age . It is a fun and engaging way for young learners to explore and expand their vocabulary in both Russian and English languages. My First Russian-English Book is a fantastic tool to introduce and reinforce new words in a visually and audibly stimulating way. It is an ideal resource for caregivers, parents, and educators who wants to support children in strengthening their English and Russian language abilities.

Добро пожаловать в мир изучения языков!

Моя Первая Русско-Английская Книга - это русско-английский словарь в картинках для двуязычных детей (билингвов) любого возраста. Это веселый и увлекательный для юных учеников способ пополнить свой словарный запас как на русском, так и на английском языках. Моя Первая Русско-Английская Книга – это фантастический инструмент для введения и закрепления новых слов, используя визуальные картинки и аудио воспроизведение. Это идеальный ресурс для родителей, учителей и всех, кто хочет помочь детям улучшить навыки английского и русского языков.

MORE BOOKS
ЕЩЁ БОЛЬШЕ КНИГ

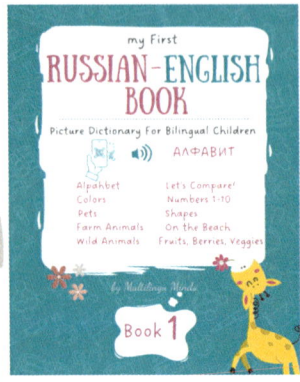
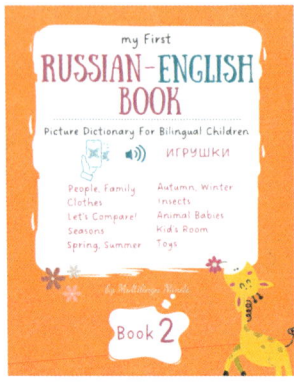
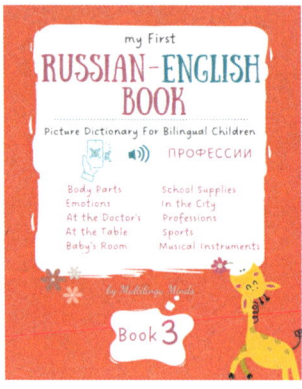
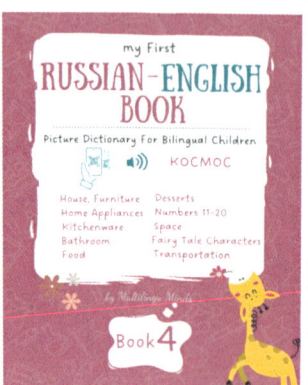

We create our books with love and care.

Yet mistakes can always happen. For any issues, questions or suggestions, please dot not hesitate to contact us at:
multilinguminds@hotmail.com

Please, support us and leave a review!

Thank you!

Scan here to leave review

Copyright © 2023 by Multilingu Minds   multilinguminds.com

All rights reserved. No part of this publication may be reproduced, stored in a information retrieval system or transferred in any form or by any means, graphic, electronic, or mechanical, including photocopying, recording, scanning, taping, without the prior written permission of the publisher.

TABLE OF CONTENTS
СОДЕРЖАНИЕ

1. TIMES OF THE DAY / ВРЕМЯ СУТОК — 2
2. DAYS OF THE WEEK / ДНИ НЕДЕЛИ — 6
3. MONTHS / МЕСЯЦЫ — 8
4. WEATHER / ПОГОДА — 14
5. UNDERWATER WORLD / ПОДВОДНЫЙ МИР — 12
6. HALLOWEEN COSTUMES / КАРНАВАЛЬНЫЕ КОСТЮМЫ — 16
7. HELP AROUND THE HOUSE / ПОМОЩЬ ПО ДОМУ — 22
8. ON THE FARM / НА ФЕРМЕ — 26
9. BUILDINGS, PLACES / ЗДАНИЯ, МЕСТА — 32
10. NUMBERS 10-100 / ЦИФРЫ 10-100 — 34

ВРЕМЯ СУТОК

MORNING

УТРО
[oótra]

DAY

ДЕНЬ
[dén']

EVENING

ВЕЧЕР
[véchir]

NIGHT

НОЧЬ
[noch]

TIMES OF THE DAY

SUNRISE

ВОСХОД
[vaskhót]

SUNSET

ЗАКАТ
[zakát]

SUN

СОЛНЦЕ
[sóntse]

MOON

ЛУНА
[looná]

ВРЕМЯ СУТОК
ЧТО ПОЖЕЛАТЬ?

GOOD MORNING

ДОБРОЕ УТРО
[dóbrae oótra]

GOOD AFTERNOON

ДОБРЫЙ ДЕНЬ
[dóbryy den']

in Russian

TIMES OF THE DAY
WHAT TO SAY?

GOOD EVENING

ДОБРЫЙ ВЕЧЕР
[dóbryy véchir]

GOOD NIGHT

СПОКОЙНОЙ НОЧИ
[spakóinay nóchi]

ДНИ НЕДЕЛИ

 ПОНЕДЕЛЬНИК [panidél'nik]

 ВТОРНИК [ftórnik]

 СРЕДА [sridá]

 ЧЕТВЕРГ [chitvérk]

 ПЯТНИЦА [pyátnitsa]

 СУББОТА [soobóta]

 ВОСКРЕСЕНЬЕ [vaskrisénye]

in Russian

DAYS OF THE WEEK

 MONDAY

 TUESDAY

 WEDNESDAY

 THURSDAY

 FRIDAY

 SATURDAY

 SUNDAY

7

МЕСЯЦЫ

ЯНВАРЬ
[yinvár']

ФЕВРАЛЬ
[fivrál']

МАРТ
[mart]

АПРЕЛЬ
[aprél']

МАЙ
[mai]

ИЮНЬ
[iyún']

MONTHS

ИЮЛЬ
[iyúl']

АВГУСТ
[ávgoost]

СЕНТЯБРЬ
[sintyábr']

ОКТЯРЬ
[aktyábr']

НОЯБРЬ
[nayábr']

ДЕКАБРЬ
[dikábr']

in English

ПОГОДА

SUN

СОЛНЦЕ
[sóntse]

RAINBOW

РАДУГА
[rádooga]

WIND

ВЕТЕР
[vétir]

SNOW

СНЕГ
[snek]

RAIN

ДОЖДЬ
[dosht']

CLOUDS

ТУЧИ
[toóchi]

in Russian

WEATHER

HAIL	LIGHTNING	TORNADO

ГРАД [grat]	МОЛНИЯ [mólniya]	ТОРНАДО [tarnáda]

THERMOMETER	HOT	COLD
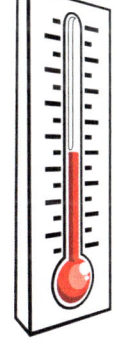		
ТЕРМОМЕТР [tirmómitr]	ЖАРКО [zhárka]	ХОЛОДНО [khóladna]

in English

ПОДВОДНЫЙ МИР

DOLPHIN	SHARK	WHALE

ДЕЛЬФИН	АКУЛА	КИТ
[dil'fín]	[akoóla]	[kit]

FISH	OCTOPUS	STARFISH

РЫБА	ОСЬМИНОГ	МОРСКАЯ ЗВЕЗДА
[rýba]	[as'minók]	[marskáya zvizdá]

in Russian

UNDERWATER WORLD

SEAHORSE

МОРСКОЙ КОНЁК
[marskoy kanyók]

CRAB

КРАБ
[krap]

TURTLE

ЧЕРЕПАХА
[chiripákha]

SHRIMP

КРЕВЕТКА
[krivétka]

JELLYFISH

МЕДУЗА
[midoóza]

LOBSTER

ОМАР
[amár]

in English

КАРНАВАЛЬНЫЕ КОСТЮМЫ

DRAGON

ДРАКОН

[drakón]

CRAB

КРАБ

[krap]

PUMKIN

ТЫКВА

[týkva]

PIRATE

ПИРАТ

[pirát]

ROMAN WARRIOR

РИМСКИЙ ВОИН

[rímsky vóin]

BAT

ЛЕТУЧАЯ МЫШЬ

[litoóchaya mysh]

in Russian

HALLOWEEN COSTUMES

ALIEN

ИНОПЛАНЕТЯНИН

[inaplanityánin]

CLOWN

КЛОУН

[klóun]

CROCODILE

КРОКОДИЛ

[krakadíl]

ELEPHANT

СЛОН

[slon]

UNICORN

ЕДИНОРОГ

[idinarók]

SHARK

АКУЛА

[akoóla]

in English

КАРНАВАЛЬНЫЕ КОСТЮМЫ

FOX

ЛИСА
[lisá]

BEAR

МЕДВЕДЬ
[midvet']

PENGUIN

ПИНГВИН
[pingvín]

BUTTERFLY

БАБОЧКА
[bábachka]

BEE

ПЧЕЛА
[pchilá]

SUNFLOWER

ПОДСОЛНУХ
[padsólnookh]

in Russian

HALLOWEEN COSTUMES

LADYBUG

БОЖЬЯ КОРОВКА

[bózhya karófka]

BUNNY

ЗАЙЧИК

[záichik]

LION

ЛЕВ

[lef]

PANDA

ПАНДА

[pánda]

MONKEY

ОБЕЗЬЯНА

[abizyána]

CAT

КОШКА

[kóshka]

КАРНАВАЛЬНЫЕ КОСТЮМЫ

FROG
ЛЯГУШКА
[ligoóshka]

TIGER
ТИГР
[tigr]

OCTOPUS
ОСЬМИНОГ
[asminók]

CHRISTMAS TREE
ЁЛКА
[yólka]

SANTA CLAUS
САНТА КЛАУС
[sánta kláoos]

DEER
ОЛЕНЬ
[alén']

in Russian

HALLOWEEN COSTUMES

PIG

СВИНЬЯ
[svinyá]

INDIAN

ИНДЕЕЦ
[indéyits]

COWBOY

КОВБОЙ
[kafbóy]

SUPERHERO

СУПЕРГЕРОЙ
[soopergiróy]

CHICK

ЦЫПЛЁНОК
[tsiplyónak]

PRINCESS

ПРИНЦЕССА
[printséssa]

SCAN ME — in English

ПОМОЩЬ ПО ДОМУ

WASH

МЫТЬ

[myt']

COOK

ГОТОВИТЬ

[gatóvit']

SWEEP

ПОДМЕТАТЬ

[padmitát']

CARRY

НОСИТЬ

[nasít]

FEED

КОРМИТЬ

[karmít']

VACUUM

ПЫЛЕСОСИТЬ

[pylisósit']

HELP AROUND THE HOUSE

WATER	CLEAN	THROW

ПОЛИВАТЬ	УБИРАТЬ	ВЫБРАСЫВАТЬ
[palivát']	[oobirát']	[vybrásyvat']

DO LAUNDRY	IRON	HANG

СТИРАТЬ	ГЛАДИТЬ	ВЕШАТЬ
[stirát']	[gládit']	[véshat']

in English

23

ПОМОЩЬ ПО ДОМУ

DRY	MOP	DUST

СУШИТЬ	ВЫТИРАТЬ	СМЕТАТЬ ПЫЛЬ
[sooshít']	[vytirát']	[smitát' pyl']

FOLD	PICK UP	WIPE

СКЛАДЫВАТЬ	СОБИРАТЬ	ПРОТИРАТЬ
[skládyvat']	[sabirát']	[pratirát']

HELP AROUND THE HOUSE

PUT

КЛАСТЬ

[klast']

MAKE THE BED

ЗАПРАВЛЯТЬ

[zapravlyát']

CLEAN

ЧИСТИТЬ

[chístit']

RAKE UP

СГРЕБАТЬ

[zgribát']

PLANT

САЖАТЬ

[sazhát']

MOW

КОСИТЬ

[kasít']

НА ФЕРМЕ

FENCE	SCARECROW	MILL

ЗАБОР	ПУГАЛО	МЕЛЬНИЦА
[zabór]	[poógala]	[mél'nitsa]

HAY	BARN	HOSE
		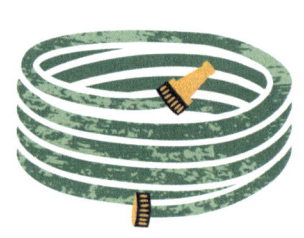
СЕНО	АМБАР	ШЛАНГ
[séna]	[ambár]	[shlánk]

ON THE FARM

NEST	BIRDHOUSE	BEEHIVE

ГНЕЗДО	СКВОРЕЧНИК	УЛЕЙ
[gnizdó]	[skvaréshnik]	[oóliy]

SUNFLOWER	HONEY	MILK

ПОДСОНУХ	МЁД	МОЛОКО
[patsólnookh]	[myot]	[malakó]

in English

НА ФЕРМЕ

TRACTOR

ТРАКТОР
[tráktar]

WAGON

ТЕЛЕЖКА
[teléshka]

LAWN MOWER

ГАЗОНОКОСИЛКА
[gazonakasílka]

BARREL

БОЧКА
[bóchka]

BASKET

КОРЗИНА
[karzína]

FIREWOOD

ДРОВА
[dravá]

ON THE FARM

SHOVEL

ЛОПАТА

[lapáta]

PITCHFORK

ВИЛЫ

[víly]

RAKE

ГРАБЛИ

[grábli]

BUCKET

ВЕДРО

[vidró]

HAMMER
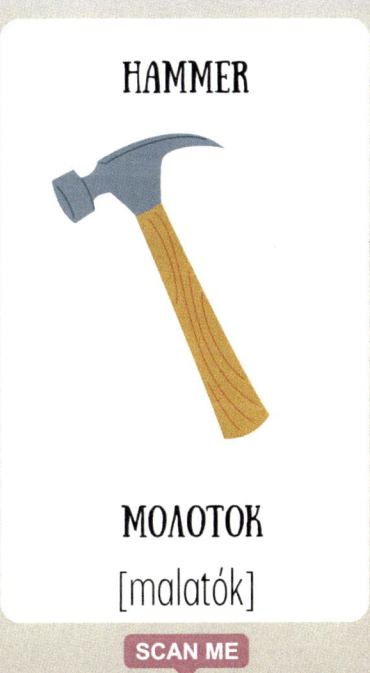
МОЛОТОК

[malaTók]

SAW

ПИЛА

[pilá]

ЗДАНИЯ И МЕСТА

HOUSE	BUILDING	HOSPITAL

ДОМ [dom]	ЗДАНИЕ [zdánie]	БОЛЬНИЦА [bal'nítsa]

THEATRE	SCHOOL	HOTEL

ТЕАТР [tiátr]	ШКОЛА [shkóla]	ГОСТИНИЦА [gastínitsa]

in Russian

BUILDINGS AND PLACES

CHIRCH  ЦЕРКОВЬ [tsérkaf']	MUSEUM  МУЗЕЙ [moozéy]	ZOO  ЗООПАРК [zaapárk]
STORE  МАГАЗИН [magazín]	PHARMACY  АПТЕКА [aptéka]	CIRCUS  ЦИРК [tsirk]

ЦИФРЫ 10-100
ДЕСЯТКАМИ

TEN
10
ДЕСЯТЬ
[désit']

TWENTY
20
ДВАДЦАТЬ
[dvátsyt']

THIRTY
30
ТРИДЦАТЬ
[trítsyt']

FORTY
40
СОРОК
[sórak]

FIFTY
50
ПЯТЬДЕСЯТ
[pidisyát]

SIXTY
60
ШЕСТЬДЕСЯТ
[shisdisyát]

in Russian

NUMBERS 10-100
BY TENS

SEVENTY
70
СЕМЬДЕСЯТ
[sém'disyat]

EIGHTY
80
ВОСЕМЬДЕСЯТ
[vósim'disyat]

NINETY
90
ДЕВЯНОСТО
[divinósta]

ONE HUNDRED
100
СТО
[sto]

in English

Made in the USA
Las Vegas, NV
25 May 2024